Die Miniprofis 1

Deutsch für Kinder

Kursbuch mit Audios und Videos

Angelika Lundquist-Mog
Vasili Bachtsevanidis

Alles Digitale zu diesem Buch kann auf der Lernplattform **allango** von Ernst Klett Sprachen abgerufen werden. So geht's:

QR-Code scannen oder **www.allango.net** aufrufen

Zur Aktivierung zusätzlicher Komponenten geben Sie bitte folgenden Lizenzschlüssel ein:

EKS-680005-5d80-ca09-fa9f

Weitere Informationen dazu finden Sie unter: **www.allango.net**

Ernst Klett Sprachen
Stuttgart

Autorin und Autor Angelika Lundquist-Mog, Tübingen; Vasili Bachtsevanidis, Köln
Beratung Bettina Ausborn, Madrid; Mayane Engel Julio, Porto Alegre; Leonor Gelpi, São Paulo; Bernd Nöcker, Santiago de Chile; Arzu Şentürk, Istanbul
Redaktion Renate Weber; Enikő Rabl
Herstellung Claudia Stumpfe
Layoutkonzeption und Satz Marion Köster, Stuttgart
Illustrationen Jani Spennhoff, Barcelona (Cover, Bildgeschichte und Figuren);
Friederike Ablang, Berlin (Wortschatz und Spiele)
Umschlaggestaltung Sabine Kaufmann
Reproduktionen Meyle + Müller GmbH + Co. KG, Pforzheim

Informationen und zu diesem Titel passende Produkte finden Sie auf:
www.klett-sprachen.de/die-miniprofis

1. Auflage 2 | 2026

Druck und Bindung Gebr. Geiselberger GmbH, Altötting

ISBN 978-3-12-680005-1

MIX
Papier | Fördert gute Waldnutzung
FSC® C105048

So lernen die Miniprofis

Die Kinder sehen und hören eine spannende Geschichte mit Nele, Jonas und Pi – im Buch oder im Bilderbuchkino.

Die Wörter und Chunks werden spielerisch geübt. Lieder, Raps und Spiele bringen Bewegung und Abwechslung in den Unterricht.

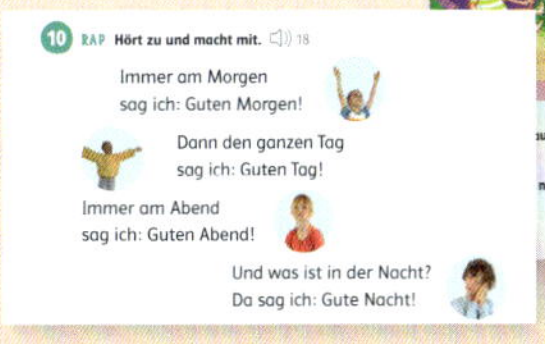

Zu den Aufgaben im Kursbuch gibt es passende Übungen und Vorlagen zum Malen, Basteln und Spielen im Übungsblock.

Zum Schluss kann man die erzählte Variante der Geschichte anhören und so ein „Sprachbad" nehmen. Nach und nach verstehen die Kinder immer mehr.

Die Spielwiesen bieten kreative Aktivitäten, Spiele, fächerübergreifende Aufgaben und mehr.

Am Ende des Bandes haben die Kinder die Möglichkeit, in einer Theateraufführung zu zeigen, was sie gelernt haben.

Für die richtige Aussprache gibt es Videos / Audios zu den Lauten und Buchstaben mit Beispielwörtern aus den Miniprofis. Mit Karten können die Kinder auch die Schreibung üben.

01, 02
Laute_Buchstaben_Woerter_1 und 2

Symbole im Kursbuch

- 04 hören
- Bilderbuchkino sehen
- Video sehen
- davor Übung im Übungsblock machen
- danach Übung im Übungsblock machen
- mit dem interaktiven Tafelbild üben
- eine fächerübergreifende Aufgabe lösen (CLIL)
- die Geschichte als Erzählung hören

Inhalt

Hallo!

1 **Schau die Bilder an und hör zu.** 01

2 **Hör noch einmal und zeig auf das Bild.** 01

3 **Hör zu und zeig das richtige Bild.** 01 1

4 **ECHO-SPIEL Hört zu und sprecht nach.** 02

Hallo! Hallo! Hallo! Hallo!

5 **Schau die Bilder an und hör zu.** 03

6 **Hör noch einmal und sprich mit.** 03 1.1

7 LIED Hört zu und singt mit. 04

Hallo, hallo!

Hallo, hallo!

Wie heißt du?

Wie heißt du?

Nele, Jonas, Mimi.

Nele, Jonas, Mimi.

Ich und du.

Ich und du.

8 SPIEL Finde Nele, Jonas und Mimi. 2, 3

9 Sprecht zusammen.

10 KATZENSPIEL **Wer lacht zuerst?** →4

11 KETTENSPIEL **Ich heiße …**

12 SPRACHBAD **Hör die Geschichte. Was verstehst du schon?** 🔈 05

Zeig mal!

1 **Schau die Bilder an und hör zu.** 06

2 **Hör noch einmal und zeig auf das Bild.** 06 1

3 **Hör noch einmal. Was findet Nele? Zeig.** 06

4 **ECHO-SPIEL** **Hört zu und sprecht nach.** 07

Zeig mal! Zeig mal! Zeig mal!

5 **Schau die Bilder an. Hör zu und zeig.** 08

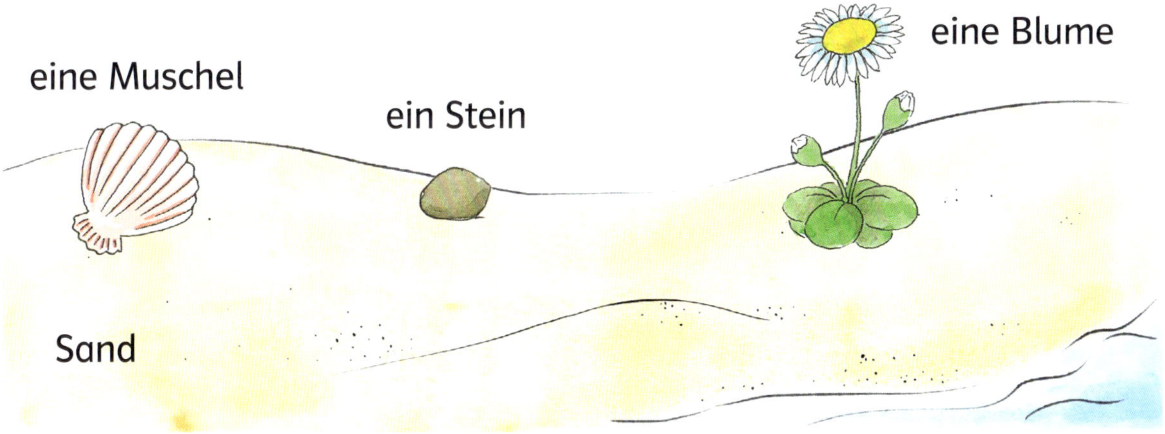

6 **Hör noch einmal und sprich mit.** 08 → 2

7 **WÖRTERTAUSCH** **Spielt und sprecht.**

8 **PLATZWECHSEL** **Hörst du dein Wort? Such einen Stuhl.**

9 **Hör zu und mach mit.** 09

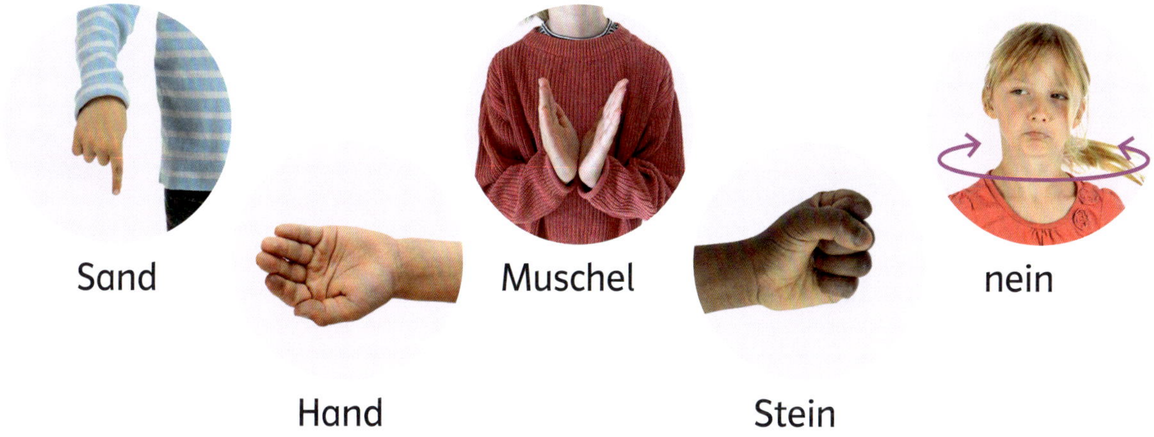

10 **RAP** **Hört zu und macht mit.** 10 2.1

Im Sand, im Sand,
zeig mal deine Hand:
Eine Muschel? Ein Stein!
Oh nein! Oh nein!
Im Sand, im Sand,
zeig mal deine Hand.

11 **Hört noch einmal und sprecht mit.** 10 2.2

12 **Im Sand: Zeig dein Bild.** 3

11

Spielwiese 1

1 MITMACHLIED **Singt und zeigt.** 12

Hallo, hallo! Ich bin froh.
Ich bin hier und du bist da.
Du bist da und ich bin hier,
alle Kinder, das sind wir.

2 EXPERIMENT **Bastelt ein Echo-Instrument und probiert es aus.**

3 **Macht eine Rap-Dose und probiert sie aus.**

Hal-lo,
hal-lo!

4 **SPIEL** **Spielt mit den Bildkarten *Klatsch, klatsch, Muschel.***

Muschel

1 **Schau die Bilder an und hör zu.** 13

2 **Hör noch einmal und zeig auf das Bild.** 13 1

3 **Hör noch einmal. Was finden Jonas und Nele? Zeig.** 13 2

4 **ECHO-SPIEL** **Hört zu und sprecht nach.** 14

Was ist das? Was ist das? Was ist das?

5 **Hör zu. Sprich nach und klatsche.** 15 3.1

6 **MEMOSPIEL** **Deck zwei Karten auf und sprich.** 3

7 **Wer spricht? Hör zu und verbinde.** 16

8 **Hör zu und zeig auf das Bild. Sprich nach.** 17 4 3.2

Guten Morgen. Guten Tag. Guten Abend. Gute Nacht.

9 **Hör noch einmal. Sprich mit und mach mit.** 🔊 17

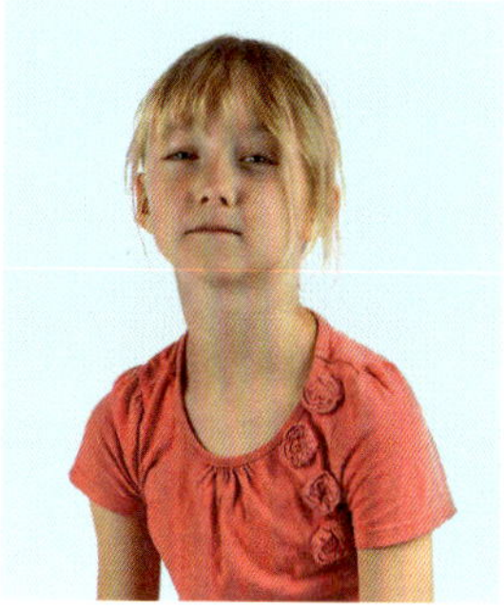

10 **RAP** **Hört zu und macht mit.** 🔊 18

Immer am Morgen
sag ich: Guten Morgen!

Dann den ganzen Tag
sag ich: Guten Tag!

Immer am Abend
sag ich: Guten Abend!

Und was ist in der Nacht?
Da sag ich: Gute Nacht!

11 **Hört zu und sprecht.** 🔊 19

Immer am Morgen
sag ich: …

Guten
Morgen!

12 **Geht von Bild zu Bild. Spielt und sprecht.**

🔊 20

Wer bist du?

1 **Schau die Bilder an und hör zu.** 21

2 **Hör noch einmal und zeig auf das Bild.** 21 1

3 **Wer ist das?**

Pi

Pa

Po

4 **Schau die Bilder an. Hör zu und zeig.** 22

Ist das ein Mädchen
oder ein Junge?

5 KARTENSPIEL **Rate. Ist das ...?** 2 4.1

Ist das ein Mädchen?

Ja!

6 **ECHO-SPIEL** **Hört zu und sprecht nach.** 🔊 23

Wer bist du? Wer bist du? Wer bist du?

7 **REIM** **Hört zu, sprecht und stampft mit.** 🔊 24

Pi Pa Po.
Pi Pa Po.
Ich bin Pi.
Und nicht Pu!
Wer bist du?
Wer bist du?

8 **Spielt im Kreis.**

9 SPIEL Antworte Pi.

10 RATESPIEL Bist du, bist du, bist du …?

11 KETTENSPIEL Ich bin … und das ist …

25

Spielwiese 2

1 MITMACHLIED Singt und zeigt. 26

Hallo, hallo! Ich bin froh.
Ich bin hier und du bist da.
Du bist da und ich bin hier,
alle Kinder, das sind wir.

Schau mal da! Schau mal da!
Was ist das in der Mitte?
Geh mal hin, zeig das bitte.
Eine Kiste? Ja, ja, ja!

2 RATESPIEL Hört zu. Sprecht mit und schüttelt die Kiste. 27

Ene mene miste,
was ist wohl in der Kiste?

Ein Stein?

Eine Blume?

3 **Bastle eine Schatzkiste.**

4 **Schatzkisten-Show: Zeig deine Schatzkiste.**

Ah!

Oh!

Schön!

5 **MEINE SCHATZKISTE** **Hör zu und leg die Karte in die Kiste.** 28

Mein Apfel ist rot

1 **Schau die Bilder an und hör zu.** 29

2 **Hör noch einmal und zeig auf das Bild.** 29 1

3 **Hör noch einmal. Was passt zusammen?** 29

Mein Apfel ist …

… grün.

… rot.

Mein Apfel ist …

4 **ECHO-SPIEL** **Hört zu und sprecht nach.** 30

Hast du rot? Hast du rot? Hast du rot?

5 **Hör zu und zeig auf die Farbe.** 31

6 **Hör noch einmal. Zeig die Karte und sprich nach.** 31 2

7 LAUFSPIEL Hört zu und lauft zur richtigen Farbe.

8 LIED Hört zu. Singt mit und zeigt auf die Farben. 32

Malen, das ist schön.
Malen, das ist schön.
Das sind meine Farben.
Malen das ist schön.

Malen, das ist schön.
Malen, das ist schön.
Das sind meine Farben.
Malen, das ist schön.

9 KIM-SPIEL Spielt und sprecht. 5.1

10 KARTENSPIEL **Spielt zu dritt Quartett.** 3

Hast du gelb?

Ja. Hier, bitte.

Hast du rot?

Nein.

11 **Welche Kiste gehört Pi? Hör zu und zeig.** 33 4

Das ist meine Kiste.
Das ist mein …

12 **Zeig dein Bild.** 5 5.2

Meine Kiste ist lila.

Meine Flasche
ist grün.

Das sind meine
Lieblingsfarben.

34

Magst du Käse?

1 **Schau die Bilder an und hör zu.** 35

2 **Hör noch einmal und zeig auf das Bild.** 35 1

3 Hör noch einmal. Was mag Pi? Zeig. 35

4 Schau das Bild an. Hör zu und zeig. 36

5 Hör zu und sprich mit. 37

6 Hör zu. Sprich nach und klatsche. 38 2

7 MEMOSPIEL **Deck zwei Karten auf und sprich.** 3

Tomate und Apfel.
Das passt nicht.

Das passt.

8 LIED **Hört zu, singt und zeigt mit.** 39

Wir haben Hunger, Hunger, Hunger,
haben Hunger, Hunger, Hunger,
haben Hunger, Hunger, Hunger,
haben Durst.

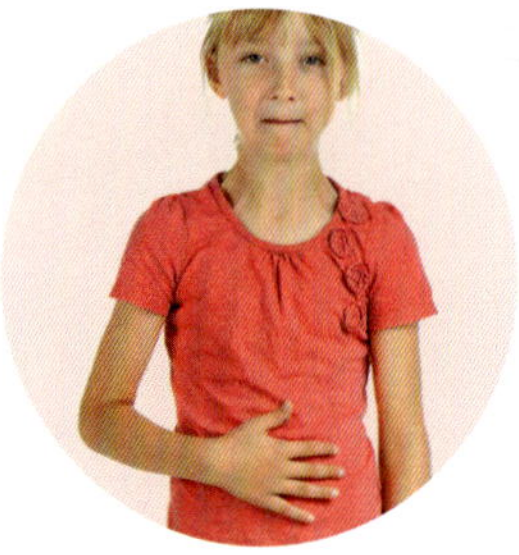

Wir essen Käse, Käse, Käse,
essen Käse, Käse, Käse,
essen Käse, Käse, Käse
und ein Brot.

Wir trinken Wasser, Wasser, Wasser,
trinken Wasser, Wasser, Wasser,
trinken Wasser, Wasser, Wasser
und viel Tee.

9 ECHO-SPIEL **Hört zu und sprecht nach.** 40 4 6.1

Ich habe Hunger. Ich esse …

Ich habe Durst. Ich trinke …

10 **Spielt das Butterbrotspiel.**

11 HÜPFSPIEL **Was magst du?** 5

12 KETTENSPIEL **Magst du …?** 6.2

13 **Sprecht alle zusammen.**

41

Spielwiese 3

1 **MITMACHLIED** **Singt und zeigt.** 🔊 42

Hallo, hallo! Ich bin froh.
Ich bin hier und du bist da.
Du bist da und ich bin hier,
alle Kinder, das sind wir.

Lauf zu Gelb, lauf zu Gelb
und klatsch in deine Hände.
Zeig mal Grün, zeig mal Rot
und klatsch in deine Hände.

2 **EXPERIMENT** **Misch die Farben.**

Rot und gelb ist …

3 **SILBENLAUF** **Spielt und sprecht.**

4 **MEINE SCHATZKISTE** **Hör zu und leg die Karte in die Kiste.** 43

Was spielen wir?

1 **Schau die Bilder an und hör zu.** 44

2 **Hör noch einmal und zeig auf das Bild.** 44 1

3 **Hör noch einmal. Was machen Nele, Jonas und Pi? Zeig.** 44

4 **ECHO-SPIEL** **Hört zu und sprecht nach.** 45

Was machen wir? Was machen wir? Was …
Wir spielen. Wir spielen. Wir spielen.

5 **Hör zu und zeig auf das Bild.** 46

Wir spielen Fangen.

… Verstecken.

… mit Autos.

… Handball.

… Fußball.

… mit Puppen.

… Karten.

… Lego.

6 **Hör noch einmal und sprich mit.** 46

7 **LAUFSPIEL** **Hört zu. Lauft zum richtigen Bild und sprecht.** 2

8 **PAARE FINDEN** **Spielt und sprecht.** 7.1

9 **RAP** **Hört zu. Stampft oder klatscht mit.** 47

Ball, Ball, Ball, Ball.
Fußball, Handball, Fußball, Handball.
Handball spielen – das ist toll!
Ball, Ball, Ball, Ball … Tor!

10 **Hört noch einmal. Sprecht und spielt mit.** 47

11 RÄTSEL **Hör die Geräusche und sprich.** 48 3

12 **Spielt und sprecht.** 7.2

13 PANTOMIME **Was spielst du gern?** 4

49

Wo bist du?

1 **Schau die Bilder an und hör zu.** 50

2 **Hör noch einmal und zeig auf das Bild.** 50 1

3 **Hör noch einmal. Wo ist Pi überall? Zeig.** 50

4 ECHO-SPIEL **Hört zu und sprecht nach.** 51

Wo bist du? Wo bist du? Wo bist du?
Ich bin hier. Ich bin hier. Ich bin hier.

5 **Wo ist Pi? Hör zu und zeig.** 52

Wo ist Pi? Wo ist Pi?
Pi ist links. Pi ist rechts.
Pi ist oben. Pi ist unten.
Pi ist da und Pi ist hier.

6 **Hör noch einmal. Zeig und sprich mit.** 52 2 8.1

7 **Hör zu, zeig und zähl mit.** 53 3

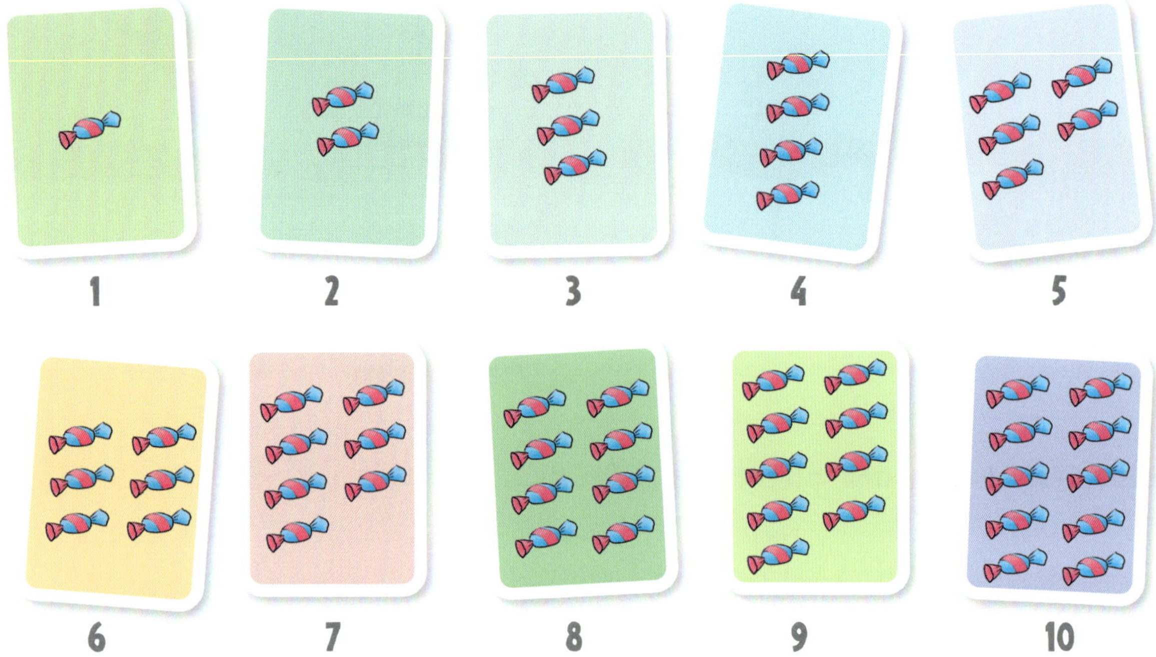

8 **Hör zu und zeig die Zahl.** 4

9 **RATESPIEL** **Mal eine Zahl mit dem Finger auf den Rücken.** 5

10 **RÄTSEL** **Wie viele Blumen sind das? Hör zu und hilf Pi.** 54

11 Wie viele? Hör zu und zähl mit. 55 6 8.2

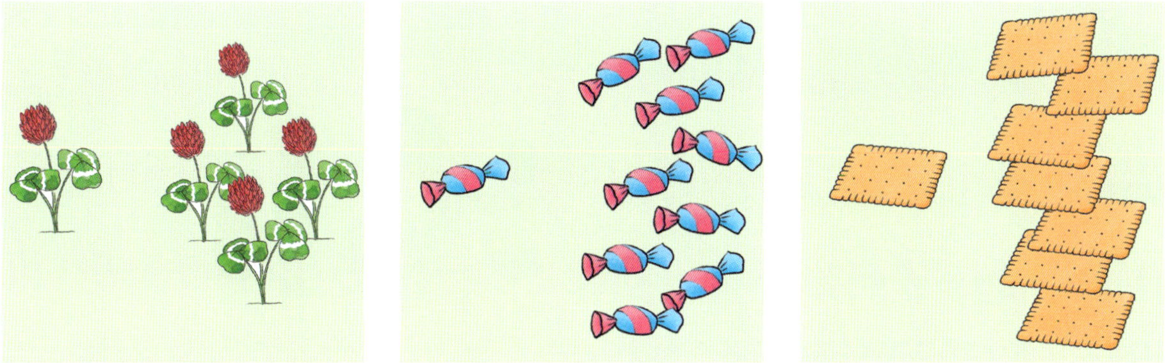

12 Hört zu. Spielt und sprecht. 56 7

13 Zählt und teilt alles zu zweit.

Wie viele Bonbons sind das?

1, 2, 3 … Bonbons.

Wir teilen.
Ich habe … Bonbons.

Ich auch.

57

Spielwiese 4

1 **MITMACHLIED** **Singt und zeigt.** 58

Hallo, hallo! Ich bin froh.
Ich bin hier und du bist da.
Du bist da und ich bin hier,
alle Kinder, das sind wir.

Hallo, hallo! Komm mal her.
Nimm den Ball, das ist nicht schwer.
Wirf ihn weg und fang den Ball.
Pi ist wirklich überall.

2 **Bastle einen Pi-Ball.**

3 **Zeig deinen Pi-Ball und probiere ihn aus.**

4 **SPIEL** **Hört zu und sprecht mit. Spielt mit dem Pi-Ball.** 59

Eins, zwei, drei, vier.
Marko, Pi kommt zu dir.

5 **MEINE SCHATZKISTE** **Hör zu und leg die Karte in die Kiste.** 60

Schule ist toll

1 **Schau die Bilder an und hör zu.** 61

2 **Hör noch einmal und zeig auf das Bild.** 61 1

3 **Hör noch einmal. Was machen Jonas und Nele in der Schule? Zeig.** 61

4 **Was machen die Kinder in der Schule? Hör zu und zeig.** 62

5 **Hör noch einmal und sprich nach.** 62 9.1

6 **PANTOMIME** **Was machen wir?** 2

7 **Welche Farben haben die Schulranzen? Such und sprich.**

8 **Was macht Pi gern? Folge Pi und finde es heraus.** 3

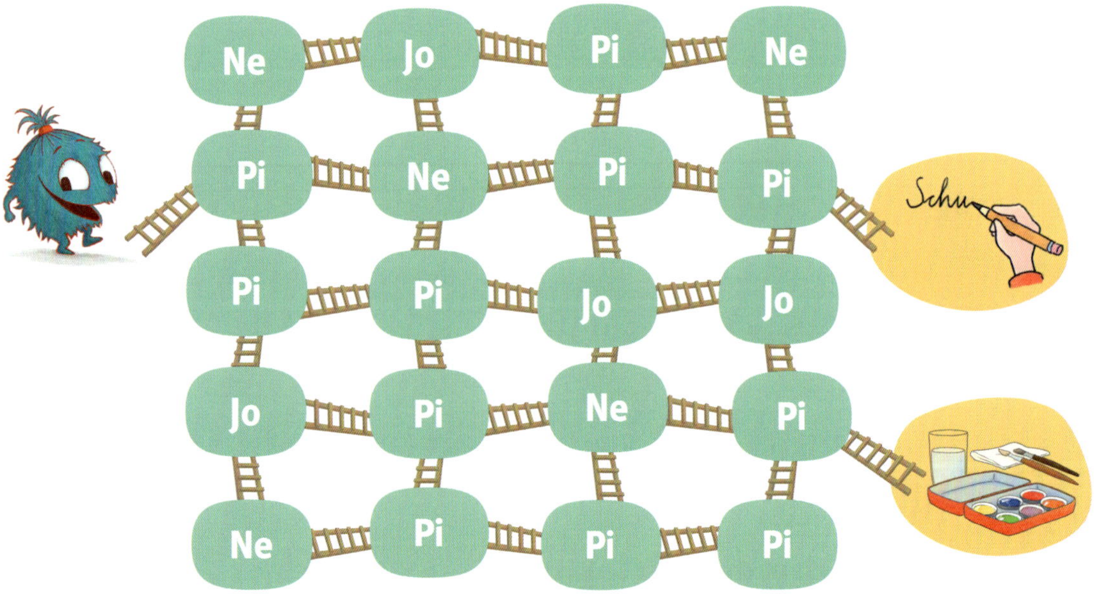

9 ECHO-SPIEL **Hört zu und sprecht nach.** 63 4

Lesen ist toll!

Ich lese gern. Ich lese gern. Ich lese gern.

10 RAP **Hört zu und sprecht mit.** 64

Was machst du gern?
Was machst du gern?
Ich  und ich  gern.

Was machst du gern?
Was machst du gern?
Ich  und ich 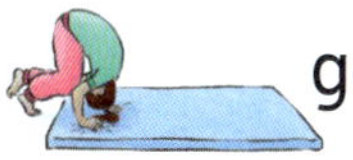 gern.

Was machst du gern?
Was machst du gern?
Ich  und ich  gern.

11 KETTENSPIEL **Was machst du gern?** 9.2

Ich rechne gern.
Marko, was machst du gern?

Ich … gern.

65

Die Schultüte ist fertig

1 **Schau die Bilder an und hör zu.** 66

2 **Hör noch einmal und zeig auf das Bild.** 66 1

3 **Hör noch einmal. Was basteln Jonas und Nele? Zeig.** 🔈 66

4 **Hör zu und zeig. Sprich die Wörter nach.** 🔈 67

Ich sehe was und das ist

5 **Hör noch einmal und antworte.** 🔈 68

6 **RATESPIEL** **Ich sehe was …** → 2

Ich sehe was
und das ist grün.

Das Heft.

7 **Hör zu. Sprich nach und klatsche.** 69 3 10.1

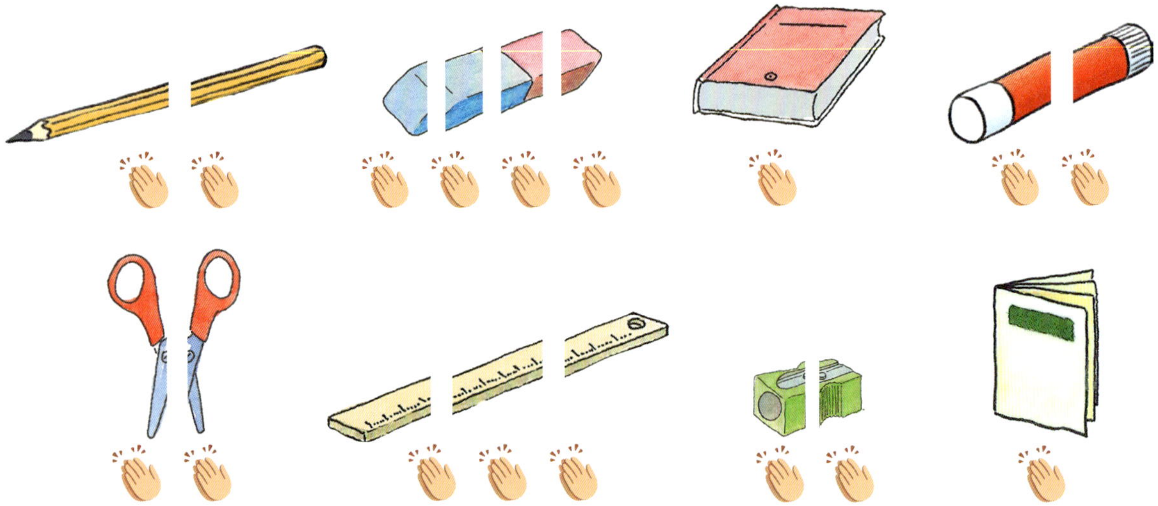

8 **ECHO-SPIEL** **Hört zu und sprecht nach.** 70

Was macht ihr? Was macht ihr?

Wir lesen. Wir lesen.

9 **Lies die Namen. Finde die Schultüte von Nele und Jonas.**

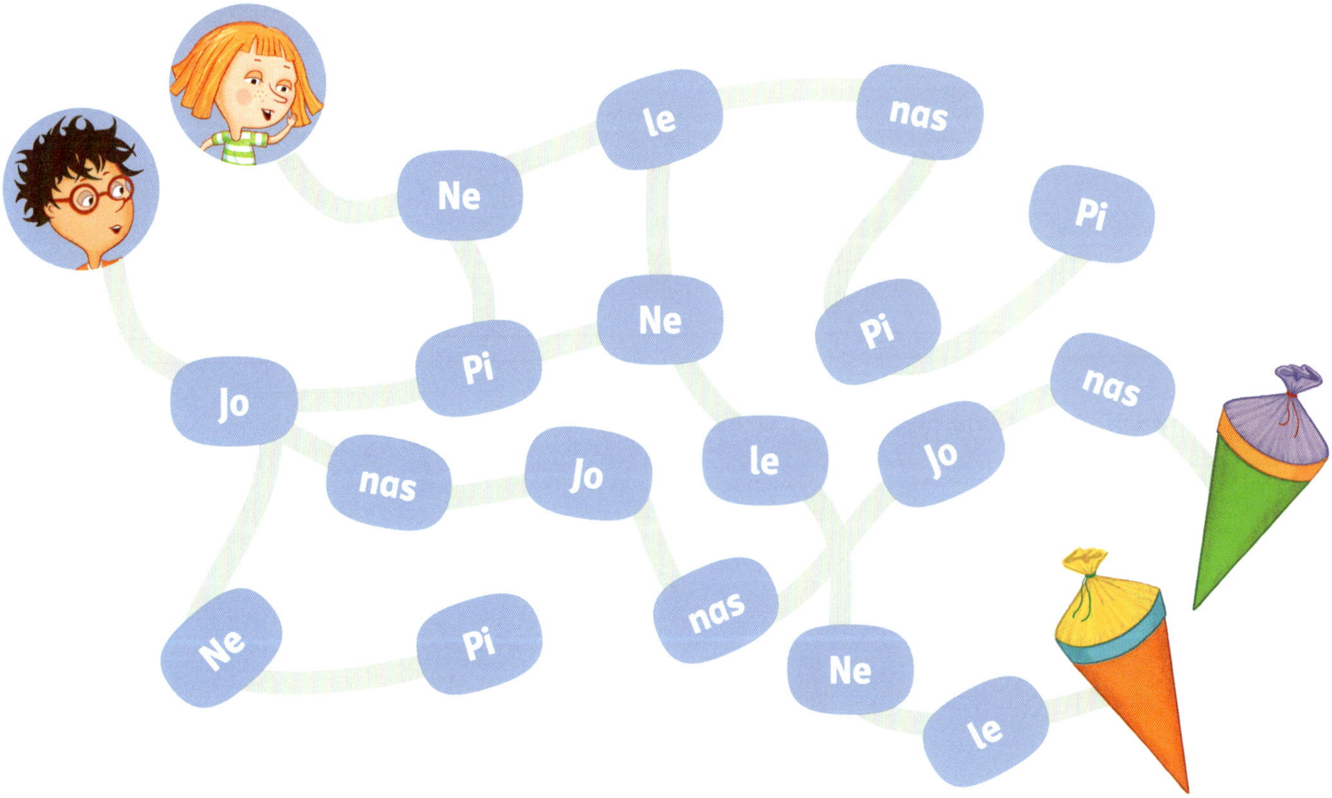

10 KIM-SPIEL **Fühlt und sprecht.**

Das ist ein Lineal.

11 **Welcher Schulranzen gehört Jonas? Hör zu und zeig.** 71 4

Das ist mein Schulranzen.
Hier ist mein …

12 **Was ist in deinem Schulranzen? Zeig und sprich.**

Hier ist mein Buch.

72

Spielwiese 5

1 **MITMACHLIED** **Singt und zeigt.** 73

Hallo, hallo! Ich bin froh.
Ich bin hier und du bist da.
Du bist da und ich bin hier,
alle Kinder, das sind wir.

Mit dem Bleistift malen wir.
Mit der Schere schneiden wir.
Mit dem Kleber kleben wir
und die Schultüte ist hier!

2 **Das ist meine Schultüte: Schaut das Video an.** 01

3 Bastle eine Schultüte. Macht eine Ausstellung im Klassenzimmer.

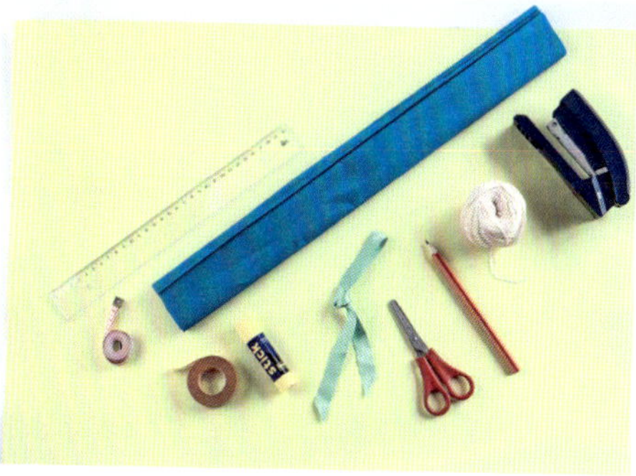

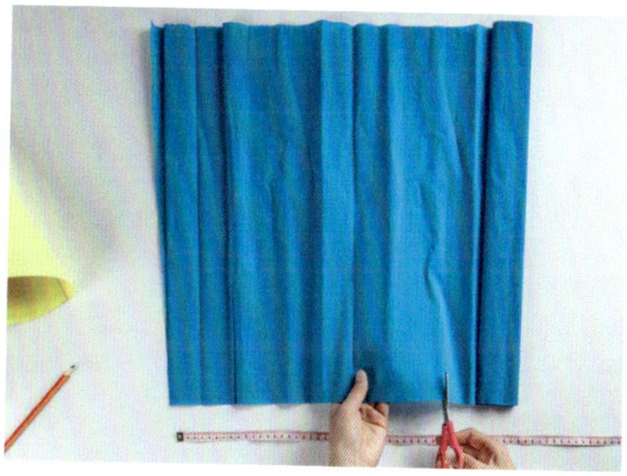

4 MEINE SCHATZKISTE Hör zu und leg die Karte in die Kiste. 74

1 **Schau die Bilder an und hör zu.** 75

2 **Hör noch einmal und zeig auf das Bild.** 75 1

3 **Hör noch einmal. Welches Tier fliegt? Zeig.** 75

4 **Was ist das? Hör zu, zeig und sprich nach. Hör zu und antworte.** 76+77 2

miau

eine Katze

wau wau

ein Hund

ra ra ra

ein Papagei

zisch zisch

ein Schwan

mäh

ein Schaf

summ summ

eine Biene

blub blub

ein Fisch

quak quak

eine Ente

5 **Tierstimmen: Finde deine Gruppe.**

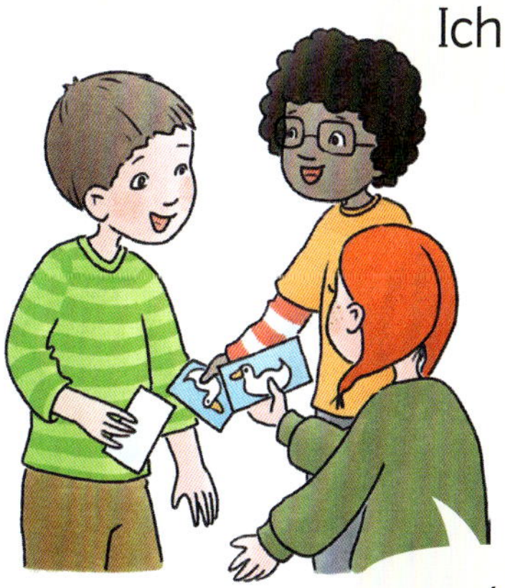

6 **TIER-RAP** **Hört zu, macht mit und sagt die Tiere.** 78 3 11.1

Hallo, hallo, so viele Tiere hier.
Da sind: Karla, die Katze
Hugo, der Hund
Schami, das Schaf
Bienke, die Biene
Fritz, der Fisch
Elke, die Ente

Und jetzt ihr:
Karla, die K...
Hugo, der H...

Hallo, hallo. Und wer ist noch dabei?
Das ist Paco, der Papagei.

7 **LAUFSPIEL** **Hört zu und lauft zum richtigen Bild.**

Wo ist der Hund?

8 **SPIEL** **Was fliegt hoch? Hört zu und spielt.** 79

9 **Welches Bild passt? Hör zu und zeig.** 80

10 **Hör noch einmal und sprich nach.** 80

11 **Spielt eine Szene nach.** 4

Komm her!

Hilfe! Geh weg!

Lass das!

12 **Beschreib dein Bild. Wer findet es?** 5 11.2

81

Bis bald!

1 **Schau die Bilder an und hör zu.** 82

2 **Hör noch einmal und zeig auf das Bild.** 82 → 1

3 **Hör noch einmal. Wie viele Kinder hat die Ente?** 82

4 **Neles Familie: Hör zu und zeig.** 83

5 **Wer ist das? Hör zu und zeig Pi die Person.** 84 2 12.1

6 **PLATZWECHSEL Hörst du dein Wort? Such einen Stuhl.** 3

7 **LIED** **Die Sonnenkäferfamilie: Hört zu und singt mit.** 🔊 85 → 4

Erst kommt der Sonnenkäferpapa.
Dann kommt die Sonnenkäfermama
und hinterher, so klitzeklein,
die Sonnenkäferkinderlein,
und hinterher, so klitzeklein,
die Sonnenkäferkinderlein.

8 **Wie ist Pi? Hör zu und zeig.** 🔊 86

groß

lustig

lieb

klein

stark

alt

9 **Hört zu, sprecht nach und spielt.** 🔊 87

Ich bin lustig.

10 **WÖRTERTAUSCH** **Spielt und sprecht.** → 5

groß

klein

11 **Über wen spricht Jonas? Hör zu und zeig.** 88

12 **Wie sind die Personen? Hör zu und sprich nach.** 88 6

Das ist meine Schwester.
Sie ist …

Das ist mein Opa.
Er ist …

13 **Deine Familie: Bastelt Fingerpuppen und sprecht.** 7

Das ist meine Mama.
Sie ist …

14 **Zum Schluss: Verabschiedet euch.**

89

Spielwiese 6

1 **MITMACHLIED** **Singt und zeigt.** 90

Hallo, hallo! Ich bin froh.
Ich bin hier und du bist da.
Du bist da und ich bin hier,
alle Kinder, das sind wir.

Schaut, ein Tier! Schaut, ein Tier!
Komm mal her! Wir sind hier.
Hör mal zu. Wie macht das Tier?
Wer bist du? Ich sag es dir.

2 **Bastle eine Tiermaske.**
Setz die Maske auf und
spiel dein Tier. Alle raten.

3 LIED Familie Ente: Hört zu und singt mit. 91

Fünf kleine Enten schwimmen auf dem Rhein.
Die Mutter schwimmt ganz vorne,
vier Kinder hintendrein.

Eine kleine Ente trinkt Wasser aus dem Rhein.
Die Mutter, die schwimmt weiter,
drei Kinder hintendrein.

Vier kleine Enten schwimmen auf dem Rhein.
Eine fliegt zur Wiese
und ist nicht mehr im Rhein.
Drei kleine Enten schwimmen nun nicht mehr.
Alle wollen fliegen
und Pi fliegt hinterher.

4 Wir spielen am Rhein: Schaut das Video an. 02

5 MEINE SCHATZKISTE Hör zu und leg die Karte in die Kiste. 92

Wir spielen Theater

1 **Schaut das Bild an. Wer oder was ist das? Zeigt. Hört dann zu.** 93

2 **Zieht eine Rollenkarte. Stellt das Bild nach. Die anderen raten.**

Du bist eine Ente.

Bist du Nele?

3 **Hört die Szene. Spielt sie nach.** 94

4 **Hört den Anfang und den Schluss. Singt und sprecht mit.** 95

Hallo, hallo! Ich bin froh.
Ich bin hier und du bist da.
Du bist da und ich bin hier,
alle Kinder, das sind wir.

Ene mene miste,
was ist wohl in der Kiste?

Eine Blume!

5 **Euer Theaterstück: Verteilt die Rollen. Probt das Lied, die Szene aus der Geschichte und den Reim. Spielt alles vor.**

Schreibt Namen.

Schreibt ein Wort.

Schreibt in den Sand.

Backt Buchstaben.

A B C D E

F G H I J K

L M N O P

Q R S T U

V W X Y Z

Alphabetische Wortliste

Die Wortliste enthält alle Wörter und Chunks aus den Lektionen 1–12. Wörter aus den fakultativ einsetzbaren Aufgaben und Liedern der Spielwiese sind nicht aufgenommen. Neben den Wörtern ist jeweils angegeben, wo sie zum ersten Mal vorkommen (z. B. 7/1: Lektion 7, Aufgabe 1). In Klammern steht die Form, die die Schülerinnen und Schüler im kommunikativen Kontext lernen.

A

Ach nee. 7/1
Ah! 1/1
alt 12/8
Apfel, der, ¨ (mein Apfel) 5/1
Au ja! 7/1
Auf Wiedersehen! 3/1

B

Ball spielen (Ich spiele gern Ball.) 7/1
Ball, der, ¨e 7/1
basteln (wir basteln) 9/4
Biene, die, -n 11/4
Bis bald! 12/1
Bist du …? 4/1
bitte 5/1
blau 5/1
Bleistift, der, -e 10/4
Blume, die, -n (eine Blume) 2/5
Bonbon, der/das, -s (ein Bonbon, Bonbons) 8/1
braun 5/5
Brot, das, -e 6/1
Bruder, der, ¨ (mein Bruder) 12/1
Buch, das, ¨er 10/4
Butter, die *(Sg.)* 6/1
Butterbrot, das, -e (ein Butterbrot) 6/1

D

da 8/1
danke 5/1
Das ist … 3/1
Das ist doch egal. 12/1
Das ist toll! 7/1
Das mag ich (nicht). 6/1
Das passt (nicht). 6/7
Das will ich auch. 9/1
der, das, die 10/4
du 1/1

E

Ei, das, -er 6/1
ein, eine 3/1
Ente, die, -n 11/4
Entschuldigung. 5/1
er 12/1
essen (nicht essen! 5/1, wir essen 6/1, ich esse 6/9) 5/1

F

Familie, die, -n (eine Familie) 12/1
Fangen spielen (wir spielen Fangen) 7/1
fertig 4/1
Fisch, der, -e 11/4
Flasche, die, -n (eine Flasche) 3/1
fliegen (der Papagei fliegt) 11/1
Frau, die, -en (eine Frau) 4/5
Frau … *(Anrede)* 3/1
für 8/1
Fußball spielen (wir spielen Fußball) 7/5

G

ganz viel 9/1
Geh weg! 11/1
gelb 5/5
gern 7/1
groß 12/8
grün 5/1
Gurke, die, -n 6/4
Gute Nacht. 3/8
Guten Abend. 3/8
Guten Appetit! 6/1
Guten Morgen. 3/8
Guten Tag. 3/1
haben (wir haben) 8/1

H

Hallo! 1/1
Hand, die, ¨e (deine Hand) 2/10
Handball spielen (wir spielen Handball) 7/5
Hast du rot / blau / …? 5/1
Heft, das, -e 10/4
Herr … *(Anrede)* 3/1
hier 5/1
Hilfe! 11/1
hoch (… fliegt hoch.) 11/8
Hund, der, -e 11/4
Hut, der, ¨e (ein Hut, mit Hut) 3/1

I

ich 1/1
ich auch 5/1
Ich bin … 4/1
Ich habe … 8/12
Ich habe Durst. 6/9
Ich habe Hunger. 5/1
Ich heiße … 1/1
Ich komme! 8/1
Ich sehe was. 10/4
Igittigitt! 5/1
ihr (Was macht ihr?) 10/1
Ist das …? 4/1

J

ja 2/1
jetzt 7/1
Junge, der, -n (ein Junge) 4/1

K

Karten spielen (wir spielen Karten) 7/5
Käse, der *(Sg.)* 6/1
Katze, die, -n 11/4
Keine Ahnung! 4/1
Keks, der, -e (ein Keks, Kekse) 8/11

Audios
Aufnahmen und Produktion Bauer Studios, Ludwigsburg
Tonmeister Michael Vermathen
Sprecherinnen und Sprecher Amelie Beuth, Niko Ruckstädter, Camille Walesch, Mia Albat, Luka Ruckstädter, Lara Wenz, Luca Beuth, Josephine Hochbruck, Benedict Walesch

Lieder und Raps
Musik, Arrangements, Kompositionen und Instrumente Zam Helga
Gesang und Raps Henriette Ludwig, Noa Zidorn, Daniel Herrmann, Ella Estrella Tischa, Zam Helga

Videos
Drehbuch und Regie Claudia Lindner
Produktion Thomas Simantke
Darstellerinnen und Darsteller Ella Brücker, Marla Buron, Finn Schulte

Bilderbuchkino
Konzeption Renate Weber, Enikő Rabl, Sonja Gerner
Programmierung Simon Gebauer, Altenberge

Online-Übungen
Autorin Bettina Melchers, Las Rozas de Madrid
Redaktion Claudia Lindner
Produktion Marion Weis

Interaktive Tafelbilder
Autorin Bettina Melchers, Las Rozas de Madrid
Redaktion Claudia Lindner
Programmierung Simon Gebauer, Altenberge

Bildquellen
13.1 Klett-Archiv (Stephan Klonk), Stuttgart; **13.2** Klett-Archiv (Stephan Klonk); **13.3** Klett-Archiv (Stephan Klonk); **13.4** Klett-Archiv (Stephan Klonk); **13.5** Klett-Archiv (Stephan Klonk); **14, 25, 35, 45, 55, 65.1** Getty Images (beakraus), München; **14, 25, 35, 45, 55, 65.3** Getty Images (bagira22); **14** Klett-Archiv (Stephan Klonk); **14.4** Shutterstock (ami mataraj), New York; **15.1** Klett-Archiv (Stephan Klonk); **15.2** Klett-Archiv (Stephan Klonk); **17, 31, 52** Getty Images (Sudowoodo); **19.1** Klett-Archiv (Stephan Klonk); **19.2** Klett-Archiv (Stephan Klonk); **19.3** Klett-Archiv (Stephan Klonk); **19.4** Klett-Archiv (Stephan Klonk); **24.1, 64.1** Klett-Archiv (Stephan Klonk); **24.2** Klett-Archiv (Stephan Klonk); **24.3** Klett-Archiv (Stephan Klonk); **24.4, 34.3** Klett-Archiv (Stephan Klonk); **25.1** Klett-Archiv (Stephan Klonk); **25.2** Klett-Archiv (Stephan Klonk); **27** Getty Images (Marharyta Sarokina); **32.1** Klett-Archiv (Stephan Klonk); **32.2** Klett-Archiv (Stephan Klonk); **32.3** Klett-Archiv (Stephan Klonk); **34.1** Klett-Archiv (Stephan Klonk); **34.2** Klett-Archiv (Stephan Klonk); **34.4** 123RF.com (123rfanton), Nidderau; **34.5** Getty Images (Ollustrator); **34.6** Getty Images (Ollustrator); **34.7** Getty Images (Richard Sharrocks); **44.1, 64.2** Klett-Archiv (Stephan Klonk); **44.2** Klett-Archiv (Stephan Klonk); **44.3** Klett-Archiv (Stephan Klonk); **44.4** Klett-Archiv (Stephan Klonk); **44.5** Klett-Archiv (Stephan Klonk); **44.6** Klett-Archiv (Stephan Klonk); **44.7** Klett-Archiv (Stephan Klonk); **44.8** Klett-Archiv (Stephan Klonk); **48** 123RF.com (Patrick Guenette); **54.1** Klett-Archiv (Stephan Klonk); **54.2** Klett-Archiv (Stephan Klonk); **54.3** Klett-Archiv (Stephan Klonk); **54.4** Klett-Archiv (Thomas Simantke); **55.1** Klett-Archiv (Stephan Klonk); **55.2** Klett-Archiv (Stephan Klonk); **55.3** Klett-Archiv (Stephan Klonk); **55.4** Klett-Archiv (Stephan Klonk); **55.5** Klett-Archiv (Stephan Klonk); **64.3** Klett-Archiv (Stephan Klonk); **64.4** Klett-Archiv (Stephan Klonk); **64.5** Klett-Archiv (Stephan Klonk); **65** Klett-Archiv (Thomas Simantke); **68** Getty Images (style-photography)